GARDE NATIONALE DE PARIS

ET DE LA BANLIEUE.

COMMISSION D'ENQUÊTE.

RAPPORT

A M. LE MARÉCHAL

COMMANDANT EN CHEF

SUR LA CONDUITE DU LIEUTENANT-COLONEL

DE LA 8e. LÉGION,

DANS LES JOURNÉES DES 5 ET 6 JUIN 1832.

PARIS.

IMPRIMERIE DE PIHAN DELAFOREST (MORINVAL),

RUE DES BONS-ENFANS, 34.

1834.

GARDE NATIONALE DE PARIS.

8e. LÉGION.

A M. RIEUSSEC, Lieutenant-Colonel de la 8ᵉ. Légion.

Paris, le 4 Avril 1833.

Mon cher Colonel,

M. le Maréchal a lu avec une grande satisfaction le rapport que lui a présenté, le 9 du mois passé, la Commission d'enquête dont vous aviez demandé la formation, pour apprécier votre conduite dans la journée du 5 juin dernier. Ce rapport a été retardé par des circonstances indépendantes de la volonté de la Commission ; mais il y avait long-temps que M. le Maréchal en connaissait l'esprit, et rendait toute justice à la conduite ferme et mesurée dont l'enquête a constaté les preuves évidentes, en démentant les allégations légères ou calomnieuses dont les accidens de cette journée avaient fourni le prétexte. Il vous sera sans doute agréable de conserver une copie de ce rapport : M. le Maréchal m'a autorisé à certifier celle que vous en ferez prendre ; l'original devant rester dans les archives de la Garde nationale.

Agréez, mon cher Colonel, avec mes sincères félicitations, l'expression de mes sentimens de considération distinguée et de dévouement.

Le Chef d'État-Major-Général,

Signé JACQUEMINOT.

RAPPORT

A M. LE MARÉCHAL

COMMANDANT EN CHEF.

Monsieur le Maréchal,

Sur la demande de M. Rieussec, lieutenant-colonel de la 8ᵉ. Légion, vous nous avez, par votre arrêté du 25 juin 1832, réunis en commission d'enquête, à l'effet d'examiner sa conduite dans les journées des 5 et 6 juin.

Notre rapport, retardé dans l'origine par le choléra, dont l'influence a frappé celui que nous avions chargé de le rédiger, l'a été depuis par l'absence de plusieurs membres de la commission. Nous aurions à déplorer ce retard, si la connaissance anticipée des témoignages recueillis par l'enquête n'avait depuis long-temps fixé l'opinion sur l'officier supérieur qui en est l'objet, de telle sorte que notre rapport n'a désormais d'autre but que d'en constater le résultat par un document authentique.

Il est d'ailleurs à remarquer que, bien que notre travail vous soit présenté long-temps après les événemens, l'enquête a eu lieu à une époque qui en était rapprochée, où les faits étaient présens aux souvenirs, où aucune circonstance n'a pu échapper à notre investigation.

Signalons d'abord une difficulté inhérente à notre mission. En général, une enquête porte sur une base précise; elle a pour but d'éclairer et de constater des faits *articulés d'une manière positive*. Il en était autrement dans celle que vous nous avez confiée. Veuillez vous rappeler, M. le Maréchal, que lorsque M. Rieussec vous demanda de faire examiner sa conduite, vous résistâtes d'abord, parce que ce qu'il considérait comme une accusation n'était arrivé jusqu'à vous que comme des propos vagues et sans importance.

L'on conçoit combien une légion, dont le courage a été prouvé dans tant de circonstances, a dû souffrir de la pensée que, seule de toutes celles de Paris, elle n'a pu résister aux factieux.

Ainsi, c'est un sentiment tout d'honneur qui a excité l'émotion de ces braves; mais la malveillance n'en a-t-elle pas abusé pour égarer quelques têtes ardentes, pour déguiser ou dénaturer les faits? Telle est la question.

L'enquête devait recevoir sa direction des circonstances de

l'accusation , aussi les avons-nous examinées avec soin ; mais , sauf deux rapports écrits que nous discuterons plus tard , nous n'avons trouvé que des allégations incohérentes , des reproches portant bien moins sur ce que le lieutenant-colonel a fait que sur ce qu'il aurait négligé de faire , choses que chacun indiquait suivant ses opinions et ses impressions souvent contradictoires.

Nous avons donc été réduits , dans l'intérêt même de la justice , à oublier , pour ce premier moment , que nous étions presque des juges , et à commencer par remplir , en quelque sorte , des fonctions du ministère public , *en recherchant les torts.*

Dans ce but , nous avons appelé tous ceux dont les récriminations étaient les plus animées ; nous les avons sollicités de nous désigner d'autres témoins ; nous avons été jusqu'à entendre la plupart de ceux que nous a indiqués une lettre anonyme évidemment dictée par la passion (1).

Ces détails vous convaincront , M. le Maréchal , que , si un sentiment d'animosité avait dirigé l'enquête , on n'aurait pu lui imprimer une marche plus sévère que celle qui a été adoptée dans le but de rechercher la vérité.

Sans doute , après avoir soigneusement recueilli les charges , c'eût été un devoir d'en donner connaissance à l'officier sur qui elles portaient , de provoquer ses réponses et ses moyens de justification , et d'entendre les témoins en sa faveur. Si nous n'avons pas rempli cette seconde partie de notre mission , si , après avoir interrogé les témoins et les pièces à charge , nous nous sommes bornés à appeler les officiers supérieurs de la 8e. Légion et quelques gardes nationaux présens sous les armes le 5 juin ; si nous avons clos l'enquête sans entendre la défense , cette décision a été suffisamment motivée par la lumière qui déjà résultait de nos recherches.

Ce sont des faits constans , et d'accord avec les relations officielles , que les troubles ont commencé le 5 juin , entre trois et quatre heures du soir , sur le territoire de la 8e. Légion ; qu'à l'instant même , le foyer de l'insurrection s'y est établi ; que des rassemblemens nombreux le parcoururent ; qu'ils attaquèrent simultanément les troupes , les corps-de-garde , les dépôts d'armes et plusieurs autres établissemens publics ;

Que , dans ce premier moment , la ligne fut forcée d'évacuer les postes et les casernes , et même d'abandonner tout-à-fait l'arrondissement , et que la mairie fut envahie et occupée par les factieux pendant la soirée du 5 ;

Et qu'enfin la 8e. Légion ne put se former et présenter une force capable de résistance que lorsque les barricades et les obstacles opposés par les insurgés eurent été détruits par les colonnes de troupes et de gardes nationaux , sous les ordres des

---

(1) Pièce n°. 11 du dossier.

généraux Schramm et Tourton, qui les attaquèrent le 6 au matin.

A dater de cette dernière époque, elle s'empressa de concourir avec son énergie accoutumée, à tous les moyens d'ordre et de répression; elle était déjà tout entière sous les armes lorsque le Roi parcourut la capitale dans la matinée du 6.

Il résulte de ce qui précède que les momens désastreux sur lesquels notre investigation a dû porter *sont circonscrits* dans le temps écoulé entre le commencement de l'insurrection et le moment où la mairie, étant entièrement au pouvoir des insurgés, les armes furent pillées.

Pour plus de clarté, nous avons divisé cet espace de temps en trois époques :

1°. Faits antérieurs à l'attaque de la mairie ;

2°. Faits relatifs à l'attaque et à la prise de la mairie ;

3°. Faits relatifs au pillage du magasin d'armes et de cartouches.

Afin de bien apprécier l'importance et l'exactitude des faits, et aussi pour être mieux en état de poser les questions aux témoins et de les mieux comprendre, il nous parut indispensable de visiter les lieux où s'étaient passés les événemens ; nous nous y rendîmes le 1er. juillet. Nous avons examiné avec la plus scrupuleuse attention les localités, les moyens d'attaque, les passages par lesquels les insurgés avaient pénétré, et la situation du magasin d'armes ; nous avons cherché à nous former une première opinion sur la possibilité de leur résister avec le nombre d'hommes présens ; enfin, pour mieux juger ces diverses circonstances, nous avons fait dresser un plan intérieur de la mairie (1).

M. le colonel Delarue avait été absent de Paris pendant les troubles des 5 et 6 juin, mais connaissant la juste considération dont il jouit dans sa légion, nous l'avons appelé à cette inspection et l'avons interrogé sur tout ce qu'il avait appris depuis son retour ; nous l'avons ensuite chargé de rechercher et de nous indiquer les gardes nationaux dont les récriminations étaient les plus animées ; tous ont été entendus comme témoins.

Les deux pièces signalées plus haut comme les *seuls documens* écrits qui appuient l'accusation, ont été l'objet d'un sérieux examen.

La première (2) est un rapport fait le 9 juin à M. le général Jacqueminot par M. Tary ; son but évident est de justifier ce capitaine d'armement du pillage des armes et des cartouches, et d'en rejeter le blâme sur le lieutenant-colonel.

La deuxième (3) est un rapport adressé, le 8 juin, par M. le maire du 8e. arrondissement, au ministre de l'intérieur. Les

---

(1) Pièce n°. 13 du dossier.
(2) *Id.* n°. 8.
(3) *Id.* n°. 10.

faits y sont présentés de manière à appuyer, dans toutes ses assertions, le rapport du capitaine d'armement, et à inculper de même M. Rieussec.

Ces deux pièces ont entre elles une coïncidence qui s'explique par la circonstance singulière que toutes deux ont été rédigées par M. Tary ; la première, en sa qualité de capitaine d'armement, et la deuxième, en celle de *secrétaire de la mairie*. M. le maire ayant été absent de Paris pendant la journée du 5, aura pu et peut-être dû en confier le récit au secrétaire de la mairie, qui annonçait y avoir participé. Quant au fait, que ce dernier rapport a été rédigé par M. Tary, il l'a lui-même déclaré et signé dans son interrogatoire.

Quatre séances de la commission ont été consacrées à l'audition des vingt-quatre témoins dont les dépositions écrites et signées sont jointes à notre rapport.

Notre opinion unanime est que la comparaison, l'examen et la plus scrupuleuse analyse de ces témoignages, fournissent la solution complète de toutes les questions *de l'enquête*.

PREMIÈRE ÉPOQUE.

Faits antérieurs à l'attaque de la mairie.

Le premier soin de la commission d'enquête a été de se faire présenter les ordres que le commandant de la 8ᵉ. légion avait reçus de l'état-major général pour la journée du 5 juin, afin de vérifier s'il avait exécuté avec zèle et capacité toutes les mesures qui lui avaient été prescrites.

Mais vous savez, monsieur le Maréchal, qu'après tant d'avis qui avaient excité de fausses inquiétudes, tant de menaces, tant de craintes sans résultat, l'inconvénient grave de fatiguer sans motifs la garde nationale, vous avait décidé à ne la rassembler que lorsque son intervention était réellement nécessaire.

D'un autre côté, les nombreux commissaires qui présidaient au convoi du général Lamarque, avaient, par les protestations les plus positives, repoussé jusqu'à la pensée des troubles qui l'ont suivi. Plusieurs corps considérables de la ligne avaient été mis en mouvement, et ces mesures paraissaient plus que suffisantes pour empêcher les désordres. Aussi le premier ordre adressé au lieutenant-colonel de la 8ᵉ légion est-il daté du 5 à midi ; le reçu établit qu'il est arrivé à une heure et demie, et que l'adjudant-major de service l'a immédiatement expédié au lieutenant-colonel qui était rendu au chef-lieu avant 3 heures. Cet ordre (1) n'était que *de pure précaution* ; il portait de ne battre le rappel « que dans le *cas où le soin de la tranquillité publique l'exigerait*. »

Dans son rapport au général Jacqueminot, le capitaine Tary

---

(1) Pièce n°. 6 du dossier.

affirme que le rappel ne fut battu que vers sept heures du soir ; si ce fait avait été vrai, on aurait pu en tirer la conséquence que le lieutenant-colonel avait perdu un temps précieux, et que l'on pouvait attribuer à cette négligence le trop petit nombre de gardes nationaux présens sous les armes.

Ces suppositions ont été complètement détruites par les témoignages qui ont constaté les faits suivans.

Le lieutenant-colonel, arrivé vers trois heures, donna immédiatement l'ordre de battre le rappel dans toute l'étendue de la légion ; mais les révoltés arrêtèrent les tambours, les assaillirent, les frappèrent ; l'un d'eux (le sieur Herwit) a été tué en avertissant les gardes nationaux à domicile. Les caisses furent saisies ou brisées ; 43 ou 48 furent mises hors de service.

Les factieux étaient tellement nombreux que pour assurer l'exécution du rappel, il aurait fallu faire escorter les tambours par de forts détachemens, mais il n'y avait encore qu'un très-petit nombre de gardes nationaux. Le capitaine Renette, officier dont le courage et le dévouement ont mérité de grands éloges, se hasarda de remplir cette mission avec douze hommes, les seuls dont on put disposer ; le lieutenant Giraud se joignit à cette faible troupe qui courut les plus grands dangers, et n'obtint cependant qu'un chétif résultat ; les révoltés osèrent attaquer plusieurs gardes nationaux à vingt-cinq pas du détachement ; aussi, en parcourant tout le faubourg Saint-Antoine, ne rallia-t-il qu'un seul garde national.

Il est à remarquer que les tambours escortés par M. Renette, qui parcoururent une étendue fort considérable, rentrèrent *les derniers* à la mairie, et que cependant ils y étaient de retour *avant sept heures*, moment où M. Tary prétend que les rappels *ont commencé*.

Ces faits, que d'autres trop longs à rapporter viennent appuyer, démontrent 1º. que les rappels ont été battus en temps convenable, et partout où ils ont pu l'être ; 2º. que le lieutenant-colonel et tous les chefs ont employé tous les moyens qui étaient en leur pouvoir pour réunir la plus grande quantité possible de gardes nationaux.

C'était un point important de l'enquête de fixer avec précision le nombre des gardes nationaux dont le lieutenant-colonel a pu disposer ; nous avons mis le plus grand soin à le constater. Les seize témoins qui ont répondu à cette question, diffèrent peu dans leur évaluation. Un seul (M. Martinet) grenadier du deuxième bataillon, la porte à cent hommes, mais les quinze autres la fixent fort au-dessous ; la proportion commune de toutes les dépositions produit le chiffre de vingt-quatre officiers, quarante-sept soldats (1) ; le rapport de M. Tary dit soixante-dix à quatre-vingts ; celui du maire quatre-vingts environ.

Nous appelons l'attention sur cette circonstance importante

---

(1) Voir l'état des témoignages, pièce nº. 15.

qui domine toute cette affaire, que le maximum des moyens de défense contre les masses de révoltés ne s'est, dans aucun moment, élevé au-dessus de 71, ou tout au plus 80 combattans, et qu'il se composait d'hommes de diverses armes, de divers compagnies et bataillons, ne se connaissant pas, et ne pouvant avoir la confiance mutuelle qui résulte de l'habitude d'un service commun.

L'enquête a fait connaître un obstacle puissant à la réunion des gardes nationaux; elle a coustaté que le boulevart qui sépare les 1er., 3e. et 4e. bataillons, de la mairie, était occupé par de fortes colonnes de rebelles, et que les communications étaient coupées; le rapport du maire, d'accord sur ce point avec les témoignages, établit que les efforts isolés des gardes nationaux pour arriver au chef-lieu, n'avaient d'autre résultat que de les livrer à leurs ennemis, et de rendre le pillage de leurs armes indubitable.

Telles sont les circonstances qui ont presque annihilé les moyens de résistance; mais il ressort des faits une réflexion honorable pour le petit nombre de braves qui s'étaient dévoués au dangereux devoir de défendre leur drapeau; c'est que tant que leur nombre n'a pas été dans une extrême disproportion avec les attaquans, ils ont non seulement résisté, mais même dominé la révolte avec énergie.

Plusieurs faits prouvent cette assertion.

1°. Le capitaine Renette et son détachement étaient partis de la mairie; les hommes qui y vinrent plus tard n'étaient pas encore arrivés; le poste était à-peu-près vide, quand un groupe nombreux s'y présenta. A défaut de forces suffisantes, le lieutenant-colonel fit délivrer des fusils aux tambours, et les envoya avec le petit nombre de gardes nationaux disponibles sous le commandement de l'adjudant-major Rondeleux, contre ces assaillans qui furent dispersés;

2°. Bientôt après, des cris, des vociférations annoncèrent une autre troupe plus nombreuse; elle portait un cadavre vêtu en garde national; elle excitait le peuple à la vengeance. Le lieutenant-colonel fit prendre les armes aux gardes nationaux; suivi des officiers, il aborda ces révoltés qui furent forcés de déposer le cadavre à la mairie, et de s'éloigner.

3°. Un troisième incident mit encore à l'épreuve la résolution des gardes nationaux présens à la mairie; on leur annonça que la faible troupe du capitaine Renette était cernée, et courait les plus grands dangers; aussitôt un détachement d'officiers de tous grades et de soldats se mit en route; tous étaient décidés à sauver leurs camarades; mais traverser en si petit nombre les masses qui les en séparaient était un projet inexécutable. Heureusement, on apprit que le capitaine Renette était parvenu à se dégager, et qu'il rentrait par une autre route.

DEUXIÈME ÉPOQUE.

Faits relatifs à l'attaque et à la prise de la mairie.

Les reproches adressés à M. Rieussec, sur l'attaque et la prise de la mairie, portent :

« 1° Sur ce qu'il a parlementé avec les insurgés, au lieu de
» les dissoudre *par la force, de les attaquer avec vigueur, et de faire*
» *feu s'ils résistaient;*

» 2° Sur ce qu'il aurait *donné l'ordre* à la garde nationale de
» rentrer dans la mairie *sans opposer de résistance*, mesure qui a,
» dit-on, entraîné l'envahissement de cet établissement. »

Voyons sur ces deux questions, les faits, les témoignages, et les deux rapports écrits.

C'est un point non contesté « que vers sept heures du soir,
» une colonne considérable de révoltés, qui avaient pillé plu-
» sieurs armuriers et désarmé plusieurs postes, arriva en tumulte
» par la rue du Pas de la Mule et se porta sur la mairie. »

Dès leur approche, M. le lieutenant-colonel rangea en bataille les soixante-dix officiers et gardes nationaux environ (les seuls qu'il eût pu réunir), et afin de remplir le double but de barrer cette partie de la place et de déguiser la faiblesse de sa troupe, il la divisa en deux pelotons qu'il fit commander par deux chefs de bataillon (MM. Berthé et Girardin), et se plaça lui-même en avant du premier peloton.

C'était un point important que de s'assurer quelle était à ce moment la situation du lieutenant-colonel, et sur quels secours il pouvait compter ; nous avons constaté :

1° Que si les témoins diffèrent sur la force des groupes des factieux, et si l'un d'eux (M. M***) la réduit à soixante, il est contredit par *tous les autres* qui l'estiment à deux, trois, quatre, cinq ou six cents hommes. M. le maire dit : « que chaque instant
» les rendait *plus nombreux et plus redoutables.* »

Que ce que l'on voyait d'insurgés sur la place Royale, n'était que la tête d'une colonne bien plus considérable, dont la masse occupait la rue du Pas de la Mule, et celles avoisinantes. Ce qui encore le confirme, c'est que, lorsque, ainsi qu'on le verra plus tard, un détachement de la garde nationale sortit par la rue des Tournelles, il trouva une autre troupe considérable qui, au dire des témoins, n'était réellement que la *queue* de la première.

2° Que la colonne d'insurgés que la garde nationale avait en face, n'était pas la seule à craindre, et que si le combat s'était engagé, plusieurs autres peu éloignées auraient pu attaquer de plusieurs côtés la mairie, poste que nous avons reconnu être bien peu défendable.

3° Que l'inefficacité des rappels avait détruit tout espoir de rassembler une quantité de gardes nationaux plus nombreuse que les soixante-dix à quatre-vingts hommes présens.

4° Que les troupes de ligne, infanterie et cavalerie, qui, dans le premier moment, avaient combattu les révoltés, avaient été forcées d'évacuer la totalité du huitième arrondissement dont ils étaient entièrement maîtres. Les rapports officiels sur les 5 et 6 juin confirment toutes ces circonstances.

5° Qu'il ne restait dans les deux casernes situées dans le huitième arrondissement, que le nombre d'hommes indispensable pour les défendre; un témoin a déclaré qu'il y avait été envoyé par M. Rieussec pour demander des secours, et qu'il n'avait pu en obtenir.

6° Que tous les rapports annonçaient que les communications avec l'état-major général étaient interceptées par des masses hostiles, et qu'à l'heure où ces événemens se passaient, il y avait encore trop peu de gardes nationaux sous les armes dans toutes les légions pour qu'il fût possible d'envoyer dégager la huitième.

Ainsi c'est un point incontestable, que le lieutenant-colonel ne pouvait espérer de secours extérieurs, et qu'il était réduit à la petite troupe qui l'entourait.

Pour bien apprécier ses moyens de résistance, un dernier point restait à éclaircir; c'était de savoir si ces soixante-dix ou quatre-vingts officiers et gardes nationaux, *étaient bien décidés* à s'exposer aux conséquences d'un combat.

Les témoins ont unanimement résolu cette question *par la négative* en ajoutant que presque tous étaient convaincus de l'inutilité de cette résistance.

Interrogés sur le nombre de ceux disposés à combattre, plusieurs, sans préciser de chiffre, ont dit qu'il y en avait *fort peu.* Deux témoins ont indiqué trente, les autres ont dit, douze, dix, quatre à cinq (1).

L'on s'est plaint encore que M. Rieussec n'avait pas fait distribuer de cartouches, et l'on a tiré la conséquence qu'il n'avait donc pas l'intention de se défendre.

Sans discuter le mérite de cette récrimination, nous nous bornons à dire que l'enquête la détruit dans sa base.

Sur quatorze témoins, treize ont affirmé avoir reçu des cartouches; un seul a dit qu'il ne lui en avait pas été délivré.

M. Rondeleux, adjudant-major du deuxième bataillon, et M. Lacoste, chasseur, deuxième compagnie, deuxième bataillon, ont déclaré *que l'ordre de distribuer des cartouches* ayant été donné, ils sont allés en chercher au magasin d'armes, qu'ils en ont rapporté le *plus possible,* qu'ils en ont distribué à tous ceux qui en ont voulu, et *que plusieurs gardes nationaux ayant refusé de recevoir les paquets* qu'on leur présentait, M. Lacoste a déposé dans la mairie, sur une caisse de tambour, ceux *qu'il avait de trop.*

Ces faits étant éclaircis, reprenons le récit.

M. Rieussec avait pris toutes les dispositions de défense compatibles avec sa position, lorsque plusieurs chefs de révoltés se détachant de leur colonne, s'avancèrent pour parlementer; ils

---

(1) Voir l'état, pièce 15.

exigeaient du lieutenant-colonel la remise de la mairie, le ren-
dant responsable du sang qui allait couler; ils avaient facilement
apprécié combien le petit nombre des gardes nationaux était
disproportionné avec leurs masses; leur violence et leur audace
s'en accrurent au point qu'ils rejetèrent tous les moyens em-
ployés pour les calmer ou les éloigner, et que mettant en joue
la garde nationale, ils la sommèrent à plusieurs reprises de
mettre bas les armes, sous peine de commencer le feu, ne don-
nant que dix minutes pour accepter et exécuter cette condition
honteuse. Le lieutenant-colonel la rejeta avec indignation, et
quelques braves se préparaient à une défense désespérée, lorsque de nouvelles circonstances aggravèrent encore la position.

Un adjudant sous-officier de la légion (dont le nom est signalé
dans plusieurs dépositions) arrivant tout en émoi, raconta à
M. le chef de bataillon Besson, et plusieurs témoignages affirment qu'il propagea dans les rangs, comme choses certaines et
qu'il avait vues : « que tous les postes de Paris avaient été enle-
» vés; qu'un général de la garde nationale (M. Tourton) venait
» de renvoyer les troupes de ligne, que trois mille hommes de
» garde nationale du haut quartier s'étaient réunis aux insurgés;
» que l'Hôtel-de-Ville était pris, et qu'ainsi toute résistance
» était inutile. » M. Besson, et plusieurs autres chefs de bataillon, voyant quelle fâcheuse impression ces nouvelles désastreuses
faisaient sur leur faible troupe, invitèrent le lieutenant-colonel à
venir délibérer avec eux sur le parti à prendre dans une circonstance aussi grave.

Cette mesure était sage et nécessaire, mais son exécution entraîna de grands inconvéniens : le lieutenant-colonel et 4 chefs
de bataillon voulaient *délibérer seuls*; pendant ce temps, la
troupe devait rester sous les armes dans sa position qui couvrait
la mairie; mais au moment où les cinq officiers supérieurs y
entrèrent, ils furent suivis par un grand nombre d'autres officiers, et ce mouvement entraîna tous les gardes nationaux; ils
s'y précipitèrent en désordre, et en fermèrent la porte avec
une telle hâte, que M. le chef de bataillon Girardin resta en
dehors exposé aux insultes des factieux.

L'on a cherché encore, dans cette circonstance diversement
rapportée, le motif d'un reproche à M. Rieussec; le rapport
de M. Tary et celui du maire portent : que les gardes nationaux
ont reçu l'ordre de rentrer dans la mairie.

Treize témoins sur quatorze, interrogés sur ce fait, affirment
qu'il n'a été donné *aucun ordre*, et que les gardes nationaux ont
rompu leurs rangs, et sont rentrés *spontanément*. Resterait
l'assertion de M. Tary (rédacteur des deux écrits); dans son
rapport au général Jacqueminot, il avait dit :

« J'ai resté dans les rangs des gardes nationaux jusqu'à l'entière évacuation de la mairie. »

Mais dans la déposition qu'il a signée devant nous, il a
déclaré :

« Qu'il est *constamment resté dans les bureaux* de la mairie; et

qu'il n'a par conséquent *aucune connaissance des faits extérieurs*.

Dans son rapport, il affirme que « les forces rassemblées
à la mairie étaient suffisantes pour réprimer les agresseurs. »

Mais dans sa déposition, il dit que : « N'étant pas militaire,
il ne peut apprécier les dispositions qui avaient été faites. »
Ainsi, M. Tary a lui-même détruit ses premières déclarations.

M. M.... est celui qui a le plus vivement blâmé M. Rieussec;
son témoignage étant en contradiction avec presque tous les autres, nous avons dû en apprécier le poids.

Sa déclaration signée constate que, grenadier du 2ᵉ. bataillon,
il s'était *fait remplacer sous les armes* par son fils, et que c'était
en bourgeois qu'il était devant la mairie *simple spectateur* de ce
qui se passait.

Vous aurez à juger, M. le maréchal, si ce moment critique
était bien choisi pour se *faire remplacer*, et si ce *grenadier* a
rempli *son devoir* avec assez de dévoûment, pour avoir le droit
de blâmer, sans preuves, *un chef qui était à son poste, et bravait
le danger*.

Quelques autres témoins, péniblement affectés des désastres
du 5 juin, ont aussi désapprouvé les mesures prises, mais ils di-
sent ingénûment « que ces réflexions ne leur sont venues que
plusieurs jours après; » un autre aurait saisi le plus hardi des
révoltés, s'il n'en avait été détourné par les conséquences.
M. le capitaine de grenadiers Renette, qui a fait ses preuves
dans cette journée, déclare : que, s'il eût commandé, il aurait
chargé les insurgés; mais il reconnaît qu'en agissant ainsi, *il
aurait inutilement compromis* les gardes nationaux; que cette résolution eût, d'ailleurs, été *fort téméraire avec une troupe où il
n'y avait ni ensemble, ni résolution*.

Aussitôt que les gardes nationaux furent rentrés dans la mairie, les factieux se précipitèrent sur la porte, dont l'épaisseur et
les fortes serrures résistèrent à leurs efforts; mais pendant que
l'on se disposait à leur résister, le cabinet du maire, dont les
volets et même les croisées étaient restées ouvertes, fournit aux
assaillans une entrée facile; ils en escaladèrent le balcon, ou-
vrirent les portes par l'intérieur, et envahirent la maison au
nombre de cinq ou six cents. Quelques incertitudes s'étaient
élevées sur ces détails, mais elles sont levées par les rapports,
qui tous deux racontent et expliquent ainsi la prise de la
mairie (1).

Cependant, avant l'escalade du balcon, le lieutenant-colonel
et les chefs de bataillon avaient terminé leur délibération sur
les moyens de sortir de cette position critique.

Ils avaient décidé qu'on ne laisserait dans la mairie que le
nombre d'hommes strictement nécessaire pour la défendre, et

---

(1) Voir le rapport du maire et du capitaine d'armement, pièces
nᵒˢ. 8 et 10.

que tous les autres feraient une sortie par la rue des Tournelles, pour attaquer les révoltés par derrière, afin d'opérer sur eux par le double effet de la résistance de la maison et d'une diversion qu'ils devaient attribuer à un secours étranger. Le lieutenant-colonel, qui s'était réservé le commandement de cette manœuvre, les chefs de bataillon, les officiers et gardes nationaux, se mirent en marche au nombre de cinquante hommes environ ; mais arrivés à la rue des Tournelles, ils se trouvèrent en face d'une nouvelle masse d'insurgés. Presque tous les gardes nationaux, convaincus dès-lors que la sortie projetée devenait impossible, *se dispersèrent* ; il ne resta que sept ou huit hommes qui finirent par se retirer isolément dans les maisons voisines.

Le lieutenant-colonel, resté seul, n'en continua pas moins sa route ; il traversa les groupes, et revint, par la place Royale, à la mairie alors occupée par les insurgés, suivant ainsi, et toujours en uniforme, l'itinéraire qui avait été délibéré.

Nous avons examiné avec soin les lieux, et nous sommes *d'avis unanime*, que, considérée militairement, cette mesure était beaucoup moins dictée par la prudence que par l'inspiration d'un courage désespéré. Si elle avait réussi, nul doute qu'elle n'eût été signalée *comme un acte de bravoure remarquable* des journées des 5 et 6 juin. Et cependant, c'est d'avoir manqué de courage et d'énergie que l'on accuse le chef qui avait présidé à la délibération et qui, en se réservant le commandement, avait assumé sur lui la plus forte part du danger.

TROISIÈME ÉPOQUE.

Faits relatifs au pillage du magasin d'armes de la mairie.

Les inculpations contre le lieutenant-colonel, relatives au pillage des armes, ne résultent exclusivement que des deux rapports officiels ; pour bien les préciser, citons ces deux écrits, sans oublier que M. Tary les a rédigés tous deux.

Le rapport de M. le maire dit :

« Le lieutenant-colonel ayant été saisi par ces misérables, » a été contraint par eux *de les mener au magasin d'armes de la* » *légion,* où ils ont pénétré *après en avoir brisé les portes* ; ils ont enlevé 250 fusils, 5 ou 600 sabres, quelques paquets de cartouches et un *baril de poudre.*

Dans l'autre rapport les mêmes faits sont racontés avec des détails que nous discuterons plus tard ; remarquons d'abord que c'est en sa qualité de capitaine d'armement que M. Tary l'a signé, et qu'il n'y fait cependant mention *ni des cartouches, ni du baril de poudre,* dont il affirme le pillage dans celui du maire.

C'est une circonstance non contestée que le pillage du magasin d'armes a eu lieu après la rentrée du lieutenant-colonel à la mairie ; mais *lui seul* ayant osé y rentrer, il n'est pas étonnant que sur vingt-quatre témoins, un seul (l'adjudant-major Rondeleux, laissé à la mairie pour la défendre pendant la sortie projetée) ait eu connaissance des faits ; il se borne même à contredire le rapport du maire sur un point, c'est *qu'il n'y a pas eu de baril de poudre de pillé, parce qu'il n'en existait pas dans le magasin d'armes.*

A défaut de témoignages, notre opinion s'est formée par l'inspection des lieux, par leur comparaison avec les termes des deux rapports et par l'interrogatoire de M. Tary.

1°. Cet officier affirme dans son rapport, « que M. Rieussec » l'a interpellé sur l'escalier, *exigeant qu'il lui remît les clés du* » *magasin d'armes ; qu'il lui a ordonné d'indiquer ce magasin aux* » *révoltés et de les y conduire, mais qu'il a refusé d'exécuter cet* » *ordre.* »

Dans son témoignage, il déclare au contraire : « Qu'il ne sup- » pose pas à M. le lieutenant-colonel *l'intention de livrer les* » *armes, malgré la contrainte où il était.....* ; en y réfléchissant, » il pense qu'il est possible que le lieutenant-colonel se soit » borné à lui demander : *Avons-nous des armes ?* et qu'il ait ré- » pondu : *Vous le savez comme moi.* »

Ainsi, bien qu'en termes *évasifs*, M. Tary dément l'accusation si positivement exprimée, que *le lieutenant-colonel lui a donné l'ordre de désigner et de livrer le magasin d'armes.*

2°. Dans les deux rapports, il dit : « Que c'est le lieutenant- » colonel *qui, sur son refus, a conduit les insurgés au magasin* » *d'armes.* » Mais, dans son interrogatoire écrit, « il reconnaît » que le lieutenant-colonel *n'a pas franchi les premières marches* » *de l'escalier qui monte du premier au deuxième étage.* » Or, le plan des localités prouve que le magasin d'armes est situé au troisième sous les combles, et de plus l'escalier du deuxième au troisième étage est dans une direction toute différente des deux premiers. C'est donc encore M. Tary *lui-même* qui dément l'accusation qu'il avait portée contre son chef d'avoir lui-même livré les armes.

3°. Dans les deux rapports, M. Tary déclare :

« *Que le lieutenant-colonel a fait briser les portes du magasin* » *pour livrer les armes aux insurgés.* »

Nous avons fait avec soin l'inspection des lieux, et nous avons reconnu que les portes *n'ont point été brisées,* que la serrure ne porte même *aucune trace de rupture ni de violence.*

Nous avons insisté pour que M. Tary expliquât cette contradiction ; il a répondu et signé : « *Qu'il ne sait pas comment on* » *est entré dans le magasin ; qu'il supposait qu'il y avait eu* » *bris de la porte, mais qu'il n'a point constaté ce fait ni visité* » *les lieux depuis, et qu'il n'a dressé aucun procès-verbal de cet* » *événement.* »

4°. Nous lui avons fait observer que le lieutenant-colonel l'ayant interpellé en présence des insurgés, et lui ayant donné *l'ordre de leur livrer les armes,* il leur était dès-lors signalé comme l'homme *le plus important,* comme celui qui pouvait *à l'instant même* leur donner l'objet de leurs désirs et de leurs violences ; nous l'avons prié d'expliquer comment , étant entouré de factieux et *à leur entière disposition*, de même que le lieutenant-colonel , il leur avait échappé. M, Tary s'est borné à répondre : qu'après *son refus d'obéir* à l'ordre de M. Rieussec, il s'était esquivé en montant les escaliers plus vite que les insurgés ; qu'il s'est tenu sur le palier du deuxième *étage*, mais que déjà une quantité d'insurgés étaient au haut de l'escalier *et descendaient des armes.*

On conçoit que ç'eût été une singulière manière d'échapper aux révoltés qui montaient l'escalier que de se jeter au milieu de ceux qui le descendaient ; mais il serait superflu de pousser plus loin l'examen des contradictions de M. Tary, qui, dans son interrogatoire, a démenti tous ses premiers dires en les remplaçant par d'autres dont l'inexactitude est à son tour prouvée par l'examen des lieux et du plan que nous en avons dressé.

En cherchant la vérité à travers ces récis infidèles , nous sommes restés convaincus que M. Tary avait imprudemment remis la clé du magasin d'armes à des mains négligentes ou trop faibles pour résister à une position dangereuse ; et s'il a cherché à rejeter sur son lieutenant-colonel les conséquences de cette faute, c'est dans le but d'échapper aux reproches qu'il redoutait. Cet officier s'est depuis fait justice à lui-même : reconnaissant à quel point il avait encouru le blâme, il a donné sa démission. Cette résolution nous empêche de provoquer les mesures que sa conduite avait méritées.

CONCLUSION.

Arrivés au terme de notre travail , nous croyons avoir justifié les réflexions signalées à son début.

Dès le commencement de l'enquête, nous avons apprécié à leur juste valeur les propos vagues et sans fondement qui ont excité la susceptibilité , fort respectable du reste , de M. Rieussec ; et nous aurions pu nous borner à un rapport sommaire, mais il n'aurait satisfait ni cet officier supérieur ni ceux qui l'avaient accusé des malheurs de leur légion ; il nous a paru nécessaire de rétablir les faits, afin de fixer l'opinion de tous les gardes nationaux qui , connaissant bien les événemens , n'attribueront qu'à une réunion de circonstances funestes l'impuissance momentanée de la 8e. Légion. Ces exigences ont donné beaucoup plus d'étendue à notre travail ; mais nous n'aurons pas à le regretter, si vous jugez, monsieur le Maréchal, que nous avons atteint le but pour lequel vous nous avez formés en commission d'enquête.

Nous avons sévèrement examiné toutes les charges et toutes les récriminations que l'on s'était plu à accumuler contre M. Rieussec : toutes ses actions , depuis l'origine des troubles , avant et pendant l'attaque de la mairie , et aussi relativement au pillage des armes, ont été soigneusement discutées.

L'inspection des lieux , l'évidence des faits , l'examen des pièces officielles et la masse des témoignages ont détruit les motifs et jusqu'aux prétextes de reproches contre cet officier supérieur ; enfin le désaveu signé de celui-là même qui avait abusé de ses doubles fonctions pour accuser en même temps son chef devant l'autorité civile et devant l'autorité militaire , a démenti ces accusations. La conviction de la commission a été tellement positive , qu'elle a jugé superflu d'appeler devant elle M. Rieussec.

Nous avons successivement reconnu que cet officier supérieur a complètement exécuté les ordres de l'État-Major-général ; qu'il a dominé l'émeute avec fermeté, tant qu'un petit nombre de braves a pu suffire , et qu'à leur tête il a affronté la colonne de révoltés et énergiquement rejeté leurs sommations. Nous l'avons vu prendre le commandement d'une sortie audacieuse, puis oser revenir seul et en uniforme à la mairie occupée par les révoltés, y résister à leurs menaces et leur refuser les armes.

Par tous ces motifs, et pour exprimer d'une manière précise notre opinion sur la conduite de M. le lieutenant-colonel Rieussec , nous déclarons être unanimement convaincus qu'il a fait son devoir ; qu'il mérite l'estime des braves qu'il commande, et que sa fermeté pendant les journées des 5 et 6 juin doit leur inspirer une confiance entière , lorsque de nouveaux dangers le replaceront à la tête de la 8ᵉ. Légion.

Paris, le 9 mars 1833.

Les Membres de la commission d'enquête ,

Signé *Tourton , président ; le comte de Lariboissière , colonel de la 5ᵉ. Légion ; Bonjour , colonel de la 6ᵉ. Légion ; Rossigneux , lieutenant-colonel de la 9ᵉ. Légion ; Besson , lieutenant-colonel de la 3ᵉ. Légion ; et Hourdequin , chef-d'escadron-secrétaire.*

Pour ampliation collationnée à l'original resté aux archives de l'État-Major-général.

Paris, le 15 avril 1833.

Le Chef d'État-Major-général.

JACQUEMINOT.